Amours Nébuleuses

MATHEO MONTEIRO

De L'Amour

L'amour, ce phénomène attractif qui unit deux personnes entre elles. Cette attraction peut être charnelle, avec l'envie de profiter de la chaleur de l'autre et de ne former plus qu'un. Une belle image de la Genèse mythique, l'amour sexuel comme recherche de sa moitié pour former cet être hybride qui serait le résultat de l'entrelacement infini de ces deux personnes qui s'attirent à chaque regard. Ainsi on pourrait abolir les frontières du réel, il en serait terminé des sciences, où, un plus un est égal à deux. L'amour est l'arme capable d'abattre ces remparts et de faire qu'un plus un fait un. Voici une définition divine de l'amour charnel, deux corps qui se désirent réciproquement, n'en formeraient plus qu'un dans une danse folle sur l'édredon. Non pas que mon attrait pour les mathématiques soit nul, mais face à l'amour, les équations restent à prouver.

Malgré cela, quand deux personnes s'aiment, il semble toujours qu'au sein de ce couple, l'amour ne soit pas égal à un. Il y en a toujours un qui aime plus que l'autre, mais est-ce possible de mesurer l'amour, de comparer cette addition d'émotions à de simples chiffres ? On pourrait très bien dire, d'ailleurs, que l'amour engendre la haine et vice-versa. Cependant, ce n'est pas pour rien que le substantif « aimant » s'écrive de la même manière que l'adjectif « aimant », il y a l'être aimant et l'être aimé. Un duo d'aimant, avec leur pôle nord et sud, s'attirent lorsqu'on présente la face opposée à l'autre, à l'inverse ils s'éloignent lorsqu'on leur montre les deux mêmes bornes. Une métaphore quelque peu atypique, et pourtant, l'être aimant est attiré voire aimanté par la personne aimée, si les deux éprouvaient les mêmes émotions on peut donc penser qu'elles se rejetteraient jusqu'à se détester. Ou bien si, ceux-ci venaient à montrer leur vraie personnalité, celle qui se cache derrière la façade amoureuse, ce caractère percé à jour pourrait les faire se répugner. Heureusement que nous ne sommes pas des aimants.

L'amour charnel n'est pas le seul amour existant, bien qu'évidemment très intéressant. En effet, on ne pourrait pas définir d'amour précis mais on arrive à en déterminer des sortes, bien que ce « on » révèle en réalité de ma perception de la chose. Nous pouvons donc citer l'amour de soi, qui est essentiel, comment montrer nos sentiments à autrui si nous n'arrivons pas à nous aimer, à nous adorer, à nous chérir nous et nous seuls. Il est nécessaire d'acquérir une confiance envers son « moi » pour la refléter sur les autres. Bien que ce ne soit pas l'amour dont il est sujet ici, aimez-vous, sinon qui pourra vous aimer à votre place ?

L'amour est beaucoup trop abstrait pour être élucidé avec des mots couchés sur le papier, d'ailleurs, certaines choses sont abstraites et c'est seulement le sens qu'on leur accorde qui compte. Sous cette vision-ci, nous pourrions donc voir l'amour comme de l'art, un art qui pourrait être autant éphémère qu'infini. L'ultime art qui sublimerait les muses grecques et qu'on aperçoit si souvent chez son compère le septième avec des films à l'eau de rose. Toute la beauté de cet art réside dans le fait qu'il n'y a pas qu'un seul artiste à sa réalisation, il en faut au minimum deux. Ces artistes n'accordent aucune valeur à leur création sauf le sens qu'ils leur donnent, ainsi l'amour n'a pas de prix mais il rend fabuleusement riche. C'est l'art d'aimer.

L'amour en amitié n'est pas souvent évoqué, il peut même se confondre avec l'amour fraternel, bien que ce soit l'une des plus belles façons d'aimer son prochain. Cela pourrait même se rapporter à de l'amour platonique car dans une relation semblable à celle-ci, nous ne pouvons souhaiter que le bonheur de l'autre sans pour autant lui montrer notre affection par des cajoleries. D'ailleurs, l'amitié naît subitement, contrairement à l'amour qui unit deux personnes aussi bien sur le plan charnel que passionnel. Cet amour-ci, se façonne au fil du temps, sauf en cas d'un coup de foudre. On aime par conséquent son ami tout simplement : « parce que c'était lui parce que c'était moi ». Comment pourrait-on l'aimer pour autre chose, on pourrait prétendre de l'aimer à des fins pécuniaires, ou pour atteindre une certaine popularité ou plus simplement par hypocrisie, car en présupposant l'aimer, nous serions dans l'attente de son amour en retour pour flatter notre égo. En outre, à cet instant-ci il n'est donc plus du tout sujet d'amour mais bien de narcissisme et de manipulation, car on se sert d'autrui comme d'un miroir pour chercher à refléter seulement nos qualités, et si jamais l'autre fait allusion à nos défauts alors le miroir se brise et nous le changeons. Dans ce cas présent

« l'enfer ne serait pas les autres », l'enfer serait « moi », nous condamnerions autrui à nous aimer sans jamais rien lui offrir en échange, bien que s'il nous aime vraiment il n'espère aucun retour de notre part. Par ailleurs, nous le ferions souffrir sans nous en rendre compte car notre petite personne serait plus importante. Par amour, nous devrions être prêts à suivre la personne que l'on aime jusqu'aux limbes les plus profondes. Vivre à deux la douleur ne la rend pas plus faible, on sait seulement que quelqu'un l'endure avec nous et nous comprend, et si cette personne la subit avec nous par amour alors il faut rester éternellement avec elle.

Aussi comment s'aimer, si les deux êtres qui se cherchent n'ont pas la même conception de l'amour ? L'un aime entendre des mots d'amour de tous les jours et prouve à chaque instant sa passion, quant à l'autre il préfère un silence symbolique et des petites actions discrètes mais pleines de sens. Comment arriver à conjuguer le verbe aimer à deux quand l'un et l'autre ne savent pas comment l'appliquer ? C'est cependant dans cette ambiguïté que réside la beauté de ce mot insensé. Tant que : « je t'aime et que tu m'aimes », rien d'autre n'a d'importance. Même la distance la plus longue entre deux personnes qui se chérissent n'aura d'effet sur leur amour. Elle pourrait l'aimer en un éclat, que le temps se figerait autour de cet amour, la vitesse de la lumière n'y pourrait pas grand-chose. Dès l'instant où elle penserait à lui, il penserait à elle. Certaines lois de l'univers sont inaliénables et l'amour en fait partie.

Parfois, des termes qui s'opposent sont finalement en adéquation. Certains ont peur d'une piqûre, des araignées, d'autres de la vie et de la mort. Après avoir revendiqué tout haut que la peur n'existait pas et qu'elle était seulement le fruit de la fragilité des êtres humains, je reviens désormais sur ces paroles dénuées de sens. Ces mots qui semblent opposés, sont les seuls capables de s'allier et de dénaturer un homme, la peur et l'amour. La frayeur de se prendre un morceau d'obus perdu dans le foie. De survivre et de n'être plus qu'un blessé, un rescapé, une gueule cassée de l'amour. Une guerre d'anéantissement qui brise l'humain et ne laisse de lui qu'un corps inerte. Cette peur est pesante et oppressante, d'un jour à l'autre l'amour peut changer son fusil d'épaule. Nous tirer dans le cœur et nous faire souffrir sans répit. Les blessures peuvent toujours se panser, mais l'effroi et l'ancien camarade nous ayant tiré dans le dos ont le pouvoir de resurgir dans le moment le plus inopportun et de rouvrir une immense brèche, laissant couler dans son sillage des marées salées.

Aussi je crois bien être amoureux de la vie, car quand mes yeux se perdent dans le lointain cosmique et qu'un coup de vent vient souffler sur mes paupières. Je sens toujours s'écouler sur mon visage des gouttelettes temporaires. Souvent dit-on que l'on pleure à cause de la brise ou d'une poussière nichée au coin de l'orbite, pour ma part on ne pleure jamais sans raison, même si cela semble être un hasard. Ces quelques larmes qui surgissent dans un moment quelconque, prouvent que nous sommes humains et que l'accumulation d'émotions, qu'elle soit bonne ou mauvaise, finit par nous sortir des yeux et à s'éparpiller dans l'air en formant des nuages bleutés. Ces phrases servent à faire rêver les enfants, quoi de plus beau que de dire à un chérubin que ses larmes de tristesse et de joie servent à dessiner son imagination dans le ciel et à alimenter la

Terre. Il n'y a personne d'autre qui aime plus la vie qu'un petit garçon ou une petite fille en train de grandir, si bien sûr les adultes leur montrent comment chérir leurs rêveries et les faire aboutir au Paradis.

Mais comment aimer, personne n'apprend à aimer, ce n'est pas un savoir-faire, l'amour est tout sauf clair, il est flou, il est fou, il est nébuleux.

Amours Nébuleuses

I.

L'Amour avec un grand « A »

Qui se termine par un petit « r »

Comme si de rien n'était

Un simple courant d'air

Tu étais mon âme sœur

Et tu t'es envolée

Emportant avec toi

Les vingt-et-un grammes de mon cœur déchiré.

II. En un éclat

Une lumière à travers l'univers
Tes lèvres pour seule frontière
L'abîme de tes yeux sans fin
Avec l'océan pour refrain

Un amour sans faille n'existe pas
Mais soigne les sanglots las
Te prendre dans mes bras
Ne penser plus qu'à cela

Un visage reconnaissable
Parmi tous nos semblables
Grâce à ton regard flamboyant
Brisant mes cauchemars délirants

Être avec toi et bien plus que cela
Un « je t'aime » en un éclat.

III.

Oh toi étincelle du plaisir de l'amour
Quand t'arrêteras-tu de jouer avec mes coups de
foudre
À me faire sans cesse
Changer les femmes qui me tournent autour

Amour en tête
Amour en en-tête
Amour casse-tête
Amour me fait perdre la tête

Liqueur de mes nuits assombries
Où se mêlent souvenirs et imaginations
Obstinant mes pensées
Quand arriverai-je à me faire aimer d'amour

Car j'ai tant à donner
À celle qui pourra me combler
Par amour, les « je t'aime » envolés
Que tu m'arracheras à la bouche

Serait-ce une lettre d'amour ?

De simples mots te suffiront-ils ?

Préféras-tu un baiser dans le silence

Plutôt qu'une chanson d'amour ?

Ce sera dans tous les cas

Une déclaration d'amour

Eau de vie qui brûle mes lèvres

Après chaque « amour » dit à la volée

Me laisseras-tu t'enlacer

Dans cette danse endiablée

Que l'on appelle faire l'amour ?

Ou causeras-tu les larmes de mon corps

Dans un chagrin d'amour ?

Quelle élégance d'écrire l'amour

De décrire l'amour

J'aimerais pouvoir me saouler avec ton cœur

Je devrais arrêter d'épuiser l'encre

De t'inviter à cette valse qu'est l'amour

Arriverais-je à séduire ton âme et ton corps

Pour qu'enfin on s'enivre de nos torts.

IV.

L'éternité est-elle assez longue pour que je puisse connaître ton corps sur le bout des lèvres, que je puisse connaître chacune de tes pensées.

Absinthe qui provoque ma folie et mon désir.

Je souhaiterais posséder tes yeux et me noyer dans leur immensité.

V.

C'est un esprit endiablé

Qui vient me charmer

Gracieux comme un soleil à son coucher

Ses larmes joyeuses

Pour atténuer ma peine odieuse

Ainsi mon cœur brisé devient radieux

Quand son doux regard se porte dans mes yeux

Sa lueur pour seul repère

Et son sourire pour abattre les enfers

Deux mots inaudibles que je murmure

Face à ses lentilles d'azur.

VI.

La nuit me fait penser à toi

Et chaque pensée prend forme de ta voix

Les étoiles vacillantes

Prennent possession de mon esprit

Me retrouvant dans un tourbillon

De lumière et de bruit

Ces astres qui ne représentent rien et tout à la fois

Malgré tout, n'imagent que toi

La seule chose qui fasse briller mes yeux

Jusqu'à m'en percer l'iris

Et tu restes bloquée dans ma pupille

Absorbant ma raison et mon désir inassouvi

Tu resteras à jamais le centre de ma galaxie.

VII.

Les âmes errantes dans les limbes

Jamais ne trouveront la sortie du labyrinthe

Mon âme bloquée dans un cercle

Dû à la tentation de te faire passer l'anneau

Suivra ton timbre angélique jusqu'à l'aurore

Pour atteindre ton visage étincelant au cœur de l'abîme

Les étoiles lassent du luxe de tes larmes

Scintillent pour ne plus voir couler des flots de tes yeux

Et mes yeux et tes yeux

Sont faits pour être ensemble

Ainsi que le reste de nos deux corps

S'enlaçant éternellement et rendant jalouses les nébuleuses

Avec leurs folles danses endiablées

Où se mélangent les couleurs de l'immensité

Puis tel un peintre

J'étale sur la toile ces explosions

Et ces amas d'étoiles

Violet, pourpre, turquoise jusqu'à fuchsia

Traçant et repassant la beauté des bégonias.

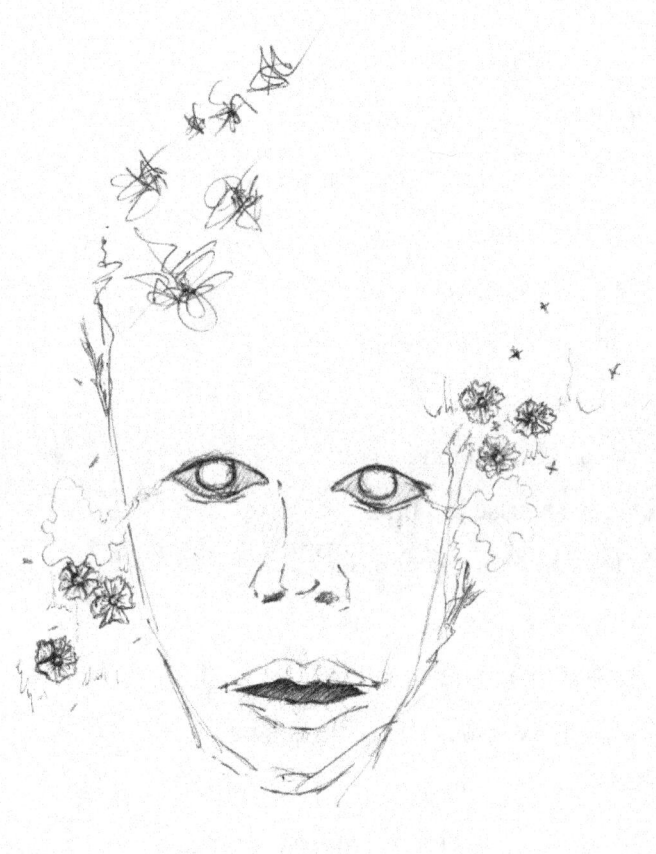

VIII.

Plaisir charnel perpétuel

Encens et parfums savoureux envoûtants

Ta peine est ma peine

Mais en vaut elle la peine

J'aimerais rechercher la paix

Sur le bout de tes lèvres

Tends-moi la main

Que je saisisse ton bras

Je te prouverai mon amour

En arrachant de mes pensées

Chaque image qui se réfère à toi

Et la nature entière ne parle que de toi

Beauté du jour et merveille de la nuit

Enlace-moi et berce-moi jusqu'à minuit

En vain je te cherche des défauts

À quoi bon, suis-je devenu aveugle

Ébloui par les astres dans ton regard

Et les reflets de ta peau douce

Sur laquelle glisse mes doigts

Ainsi s'effacent mes cauchemars

Quand nos deux âmes s'assemblent

Et pourtant elles ne se ressemblent

S'attirant comme des opposés

Je trouverai une fin

À ton corps sublime

Malgré ma faim

De le connaître dans les moindres recoins

Brûlure mortelle qu'est cet amour

Qui me consume à petit feu

Malheur d'avoir eu ce coup de foudre

Et d'être tombé dans un jeu dangereux

Mon esprit n'en sortira pas indemne

Et gardera à jamais les cicatrices de ton passage dans

sa mémoire

Post Mortem.

IX.

Et mon cœur en cendre

Je l'ai perdu là-bas

Si tu l'attrapes en vol

Brise-lui les ailes pour moi

Ignores-tu ton absence

Qui me fait du mal

C'est ce que tu souhaitais

En quittant mes bras

En me laissant las

Ton odeur dans mes draps

Et ton rire en boucle

Qui hante mes pensées

Comment m'en défaire

Je crois que je vais succomber

Et tu t'éloignes de moi

En laissant derrière toi

Des bribes de ton passage

Faisant de nous deux

Un simple coloriage

Les débris de notre histoire

Marque-t-elle la fin

Ou une échappatoire

La braise dans nos yeux

Pourra-t-elle se raviver

Et briller de mille feux

Face à l'adversité

Je pourrai surmonter

Les démons du passé

Laisse-moi figer le temps

Briser le cadran

Et saisir les aiguilles

De notre amour d'antan.

X.

Désormais je peux voir dans le noir

Mon phare dans la nuit

Quand mes démons s'éveillent

Et telle la lune tu rejettes

Les nuages et l'obscurité

Durant cette soirée d'été

Je pense à toi

Regardant les étoiles filer

Mes larmes s'écoulent

Quand je retrace ton visage lointain

Mon esprit vagabonde dans les rues

Cherchant à planer autour de toi

Comme les insectes et les papillons de nuit

Autour des tristes lampadaires

Pendant qu'ils projettent

Leur lumière fade sur le bitume

Puis j'écoute les bruits nocturnes

Qui me rongent d'amertume

Les notes se mélangent

Lorsqu'il fait sombre

Pour rentrer dans tes idées

Je prendrai la clé de Sol

Ce soir-là les astres n'ont parlé que de toi

Ou est-ce moi qui ne vois

Et n'entends que par toi

Et cela depuis le jour où

Ton regard s'est porté dans le mien

Tes lèvres figées dans ma rétine

Avec cette constante envie de t'embrasser

De faire de toi la déesse de mon amour

Désir flamboyant qui crève les yeux

Faisant de moi un être à l'agonie

La lune se fait haute dans le ciel

Et depuis son apparition

Je n'avais que ton esprit en tête

Ne remarquant ni le ciel ni la vie s'évader.

XI.

Quand les murailles infinies s'abattent

Durant cette nuit de frisson

Ton corps et ton âme chantent à l'unisson

Mon seul alcool capable de soigner

Ma peine et mes névroses

Est ton parfum à l'eau de rose

À fleur de peau de ta présence

Je ne puis vivre de tes absences

Et rien qu'une larme de tes yeux

Suffit à me rendre malheureux

Ces instants passés sur Terre

Resteront à jamais marqués par ton passage

Laissant ainsi des coquillages sur le rivage

Te donner tout en partant de rien

Car aucune chose n'est plus forte que notre lien

Te donner des rêves

Et les faire pousser dans ton jardin

Te donner le monde

Et espérer qu'il tienne entre tes mains

Te donner ma vie

Pour qu'elle puisse faire partie de la tienne

J'ai cherché tant de fois parmi les étoiles

Un astre à te mettre autour du cou

Sans me rendre compte

Que la plus belle chose de l'univers

N'était pas dans le ciel

Mais à mes côtés.

[...]

XII.

[…]

J'ai cherché tant de fois parmi les étoiles

Un astre à te mettre autour du cou

J'ai arraché au ciel ses bijoux

Pour te les mettre contre la poitrine

J'ai arraché à mon corps son âme

Pour guérir chacune de tes larmes

Et faire de ton sourire ma seule arme

Les constellations entre elles ne mentent pas

Elles deviennent malades

De te voir loin de moi

Les astéroïdes que l'on voit filer

N'ont pas le temps de nous regarder

Et laissent derrière eux des traînées de glace

Semblable à des pleurs

De ne pas avoir pu nous contempler

Je t'offrirai des pluies de diamant

Des tempêtes de joyaux

Pour voir briller dans tes yeux

Le reflet des cieux.

XIII.

Ta silhouette se dessine entre les flammes
Et tu es la seule femme
Qui fasse brûler mon cœur, mon corps
Qui calme mes craintes, mes pleurs

Des cendres laissées à l'abandon
Dans la forêt de mes passions
Noircissent mes rêves et ambitions
Comme l'amour que nous consumons.

XIV.

Apaisé, anesthésié dans tes pensées
Je scrute tes yeux pour y déceler
La moindre once de ta beauté

Mes sentiments dansent la bachata
Quand je sens ton corps près de moi

Unissons-nous dans une valse
Que notre duo flamboie en tango
Et que nos lèvres ardentes
Se rapprochent sur le tempo

Puissions-nous donner envie
Aux divinités de nous admirer
Devient la muse de mon amour
Rends moi fou de ton visage
Que j'aille en enfer
Le chercher comme Orphée.

XV.

Je t'aime et je t'aimerai

Je ferai de ton passé

Un présent ensoleillé

Après le premier « je t'aime »

Dit pour la millième fois

Il sera toujours le plus beau

Si je dois t'aimer en quantité

Le seul cœur que j'ai

Je te le donnerai à l'infini

Dis-moi « je t'aime » encore

Jusqu'à en oublier nos corps

Te regarder dans les yeux

Et n'y voir que l'aurore

Je t'aime encore et encore

Je t'aime sans aucun remords

T'aimer à fleur de paume

Pour nous irriter la peau.

XVI.

Ton passage n'a fait que des ravages
Dans mon sillage tel un pur mirage

Oasis du désert pour combler mes désirs
Qui disparaît dans le sable après un soupir

Mon Eden dans ce monde rempli de haine
Laisse-moi croquer ton corps pour oublier ma peine

Tombée du ciel comme un ange tu subis mes louanges
Et ton envol me traînera dans la fange.

XVII.

Elles me font des signes et m'appellent

Quand j'y dessine ma haine et ma peine

Elles picotent mes miroirs

Qui deviennent leurs territoires

Comme l'impression de fusionner avec le monde

Quand mes contemplations se joignent à la ronde

Bouche bée face l'obscurité et sa pureté

Debout nez à nez face à l'immensité et sa clarté

J'aimerais pouvoir les regarder infiniment et me noyer
dans leur néant

Pouvoir m'y perdre le temps d'un instant et m'éloigner
dans leur cyan

Elles scintillent pour être flattées et complimentées

Elles sont plus de cent mille pures fleurs d'été à flotter

De la couleur des anthémis en passant par les pétunias

Elles répandent une odeur propice sentant le lilas

Les nuages apparaissent et dissipent les éclats de
lumière

Jaloux de la paresse de celles-ci qui ne disparaissent jamais de la stratosphère

« Nous aussi nous voulons être admirés, nous ne sommes qu'éphémères »

Voici ce que répliquent les cumulus aux astres de la Voie Lactée

« Nous, nous disparaîtrons un jour ou l'autre, mais pour les hommes nous possédons l'immortalité. Vous possédez le jour pour vous paître devant eux, laissez-nous la nuit pour naître dans leurs yeux »

Voici ce que prononcèrent les lucioles aux messieurs les nuages continuant leur chemin indécis poussés par le vent des âges

Mais voilà que certains hommes rencontrant tant de beauté

N'arrivent pas à l'apprécier et se perdent parmi le brouillard qui ne fait que passer.

XVIII.

Laisse-les pleurs des enfants

S'échouer à contre-courant

Les problèmes suffoquent de l'intérieur

Quand l'on nous accuse du malheur

Les pluies acidulées s'évaporent sur la peau

Tes mots et tes yeux tels des fléaux

Je ne sais pas, je ne sais plus

J'oublie, j'oublie tout de mon salut

Des preuves pour t'aimer

Des épreuves pour le montrer

Tu demandes de l'amour à quelqu'un

Qui n'a jamais su comment adorer les siens

Fragile hameau de tristesse qu'est mon cœur

Frais rameau de délicatesse qui n'est qu'un leurre

Tends-moi tes bras que j'en fasse des photos

Tu désires des souvenirs trop beaux, trop hauts

Ne peux-tu pas te contenter d'un écho ?

Non, je le comprends en héraut

N'annonçant rien en conséquence

Agissant en bien sans échéance

Que faire de plus ou de moins ?

Je vais m'éloigner de plus en plus loin

Tu souhaitais que je reste à me repaître

Permets-moi de disparaître

Non, ne me le permets pas

Je le ferai sans toi, pas à pas.

XIX. Une fois encore

J'ai abandonné mon corps et ma panse

Vide de sens et de pensées

Dans ses yeux châtains et sa robe de satin

Encore une fois tombé amoureux trop haut, trop tôt

Fasciné par son cœur avant son corps

Puis se rendre compte que les deux sont en accord

Sa beauté sauvera mon monde

Le jour où j'aurais réussi

À la contempler dans son entièreté

Admirer ses formes

Avant de vouloir n'en former plus qu'une

Son charme m'acharne la chair

Je la dévore du regard

Quand le sien s'oublie dans les airs

Ton désintérêt me séduit et m'attire

Contraint à faire de ton visage de simples traits

Griffonner et dessiner chacun de tes portraits

Ne jamais te les montrer

Mais t'imaginer vivre au travers de l'abstrait

En quittant les hauts de Cagnes

Et les bas de la mer

J'ai perdu sur les galets

Les dernières images de ton visage

Et souhaitant faire des cairns

J'ai laissé des monceaux d'amour sur la plage

Fixant la dépression au loin

Ces petites choses attendent que tu souries

Pour faire de toi la plus haute pierre

De cette tour afin d'atteindre le paradis.

XX.

Je fume en pensant encore à toi

À tes clopes à moitié allumées

Les braises moites s'alignent avec le ciel étoilé

La splendeur de ton regard reflète les douces flammes du briquet

Touche-moi ou parle-moi pour embraser les miennes dans tes extraits

Ta voix dans ma tête me répète tes phrases

Quand la fumée s'échappe par nuée

« Regarde ici la Grande Ourse et là-bas l'étoile du Berger

Et juste en face de nous Cassiopée »

Je pensais et pense que tu es sa fille

Plus belle que les nymphes au murmure d'Orphée

Bénie soit l'étoile filante que nous avons aperçue sur le chemin de nos pensées

Bénignes soient tes lèvres qui m'ont rendues malade de tes péchés

Inspirer quelques bouffées sur la même cigarette que tu tenais

M'a suffi à m'engouffrer dans tes idées faites à la craie

Aime moi sur le bout de tes gitanes

Incendie tes mégots et mon âme telle une pyromane

Que mon amour te mire et te pare sous les platanes

Assaisonne mes étincelles à l'acétone

Creuse l'abcès en mon sein sur des refrains de saxophone

Je fume encore en pensant à toi

J'écrase les dernières crasses de ces cigarettes

Et je croîs mes croyances en tes caresses

Revoir ton sourire et remémorer ton rire

Le temps d'un soir ou d'un soupir

La *saudade* en plein délire

Quand tu me fais perdre la psyché

Quand tes chansons m'évadent de la réalité

J'aimerais te connaître comme les constellations

Compter chacun de tes petits défauts

Et les maquiller pour en faire des châteaux

Mais me voilà à me retrouver à cause de toi à aspirer les bouchées de fumée

À apprécier chacune des vapeurs toxiques incandescentes

À tirer sur le tabac sans être taciturne, un être en descente

Crois-tu que cela soit décent ?

Cru et cruel amour en croix

Crois-moi que rien que ta réponse me redonnerait la foi

Encore je fume en pensant à toi

Crois-moi que rien qu'une réponse me rendrait la foi

Sacrifier les restes de mes morceaux de foie

Tu me rends désinvolte

Je veux t'oublier

Je vais t'oublier, désolé

Sèches séquelles assainies

Face aux feux d'artifice

Mon art effrite l'ivresse

Je regarde les étoiles et les lumières des villes côtières briller

Les éclairantes lampes des stations balnéaires

Cela n'a rien illuminé de plus que les reflets des marées

Et plus aucune vague ne porte ton encens dans les airs

Je fume en pensant à toi

Je fume en pensant

Je fume simplement

Je ne pense plus à toi

Je ne fume plus sans toi.

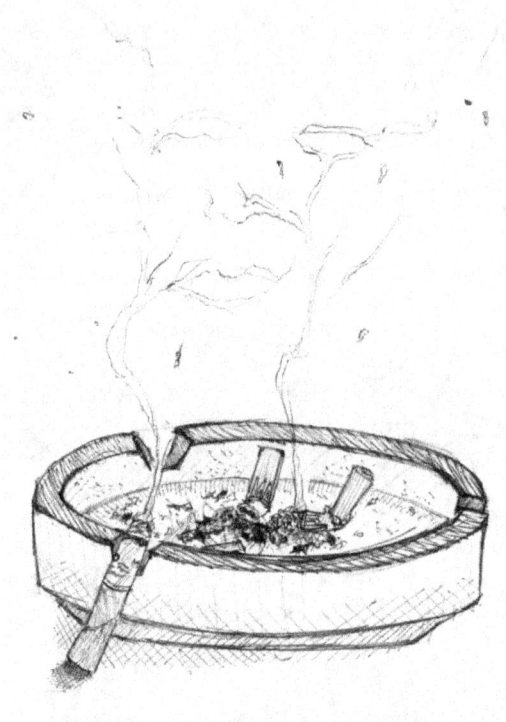

XXI.

Plus je parle de toi

Plus j'en perds de toi

Soupir du lendemain

Souvenir de tes mains

Sourire d'un matin bleu

Mes yeux perdus dans tes cieux

La brume sur les bateaux

Leur ancre comme fardeau

Et les voiliers emportant ta beauté

Sur leur mât troué et décharné.

En-Vie

I.

Dès lors la tombée du soleil rayonnant
La belle rose aux épines se déforme
Elle se morfond sur elle-même s'abaissant
Dans l'obscurité, trépassant dans les abîmes

Le vent hurlant s'abat sur la somptueuse
Elle succombe petit à petit aux ombres
Faisant face aux déferlantes bagarreuses
Du crépuscule en jaillit la pénombre

Autrefois elle fut belle et douce au géant
On aurait voulu la cueillir étant plus jeune
Mais son éclat était beaucoup trop torturant
Elle flétrit alors seule aux yeux de personne

Au bout de la nuit silencieuse et macabre
Où règnent des apparences chimériques
Le géant sera là pour la voir renaître
Après son voyage dans un sommeil mystique.

II.

Ma vie simple chaos de bruits et de mélancolies

À l'horizon noir de jais d'envie

Ciel capricieux de mes émotions

Saoulé par les couleurs au goût de liqueur

Tumultes infernaux de mon âme

Mêlant tristesse, bonheur et noirceur

Ces bruits, ces couleurs et ces rythmes de l'esprit

Font de moi le pantin de ce cycle éternel de la vie.

III. Mamie

À l'aube d'un nouveau jour

Le temps écoulé

Rappelle les souvenirs passés

De la jeunesse à batifoler

Durant laquelle chaque moment

Était vécu avec ivresse

À pousser à l'infini ses limites

Et à combler ses désirs

Cette époque fut un pur plaisir

Les épreuves de la vie

Obligeaient à garder la tête haute

Et à continuer ce périple

Pour voir le sourire des autres

Et vivre des instants de bonheur

Avec les personnes les plus chères à son cœur

Hélas le sablier ne peut être retourné

Mais ces milliards de grains de sable

Servent à garder en mémoire

Les plus beaux instants vécus auparavant

La fleur de l'âge fane

Même si la beauté des pétales reste éternelle

Cette rose qui a subi tant d'intempéries

Est restée droite et a surmontée les tromperies

Devenue sage avec le temps

Elle contemple désormais

Les bourgeons sur le point d'éclore

Et se rit des jeunes pousses.

IV. Maman

La femme qui m'a porté

Et qui me fait avancer

Malgré les blessures

Et les nombreuses éraflures

Je souhaiterais revivre les premiers pas

Que je faisais pour aller vers toi

Les premiers mots dits à la volée

Pour cette personne qui m'a élevé

Tous les « je t'aime » à cœur ouvert

Doux comme une brise printanière

Toutes ces roses arrachées à la vie

Et mises dans un verre d'eau à l'agonie

Juste pour voir ton sourire

Me donner la joie de vivre

Toutes ces fleurs dans ton jardin

N'attendaient que d'être cueillies de ma main

Même le monde attendait que je le prenne dans mes bras

Et il attend encore aujourd'hui que je le berce jusqu'à
toi

Les mois et les années ont passé

Ils ne cesseront jamais de s'écouler

Mais mon amour pour toi restera inchangé

Mes premières larmes versées contre ton sein

Je maudis déjà les dernières penchées sur ton drap en

lin.

V. Frappe l'hématome

Frappe l'hématome bloqué dans ta paume

Frappe, frappe, frappe

Que la douleur perce tes peurs

Que la rougeur berce tes pleurs

Frappe en cadence le mal de ton âme

Drape en latence les salves de tes larmes

La lune illustre la vie rustre

Quand les plumes des colombes me frustrent

Frappe l'hématome entre tes paumes

Coincé dans l'univers d'un décor à l'envers

Enfuis-toi de ce mini-vers qui bouche tes artères

Et frappe, frappe contre le son, et sors de tes gonds

Frappe contre les murs de béton qui freinent tes passions

Frappe incessamment contre ce monde déstabilisant

Attrape constamment les mots hypnotisant

Et sens, s'écouler ton sang dans le sens inverse de tes sentiments

Et le cœur sans sang fait cent fois plus mal qu'avant

Et l'odeur des fleurs du malheur fait perdre la foi d'antan

Alors frappe l'hématome écoute-le percuter dans ta paume

Tambourine les parois des paroisses

Éclate la résine de l'angoisse

À la croisée des mondes

Je croîs mon absence

Trou qui creuse l'abcès

Tout le poids du globe en excès

Six pieds sous terre mais sous la glaise

Otto Dix à la guerre souhaitant la paix

L'abdomen en morceau

Acéré par l'étau

Les serres me mènent en bateau

Alors frappe, frappe

L'hématome et détruit ta paume.

VI. Soirée Tricolore

À croire que l'éclairage

Des feux tricolores

Est simplement indolore

Alors que le rouge sur le visage

Estompe les vagues à l'âme

Le vert bourgeonnant mes larmes

Il n'aura fallu qu'un « stop » sous les lanternes

Pour éclairer les dessous de mes cernes

Quelques feuilles mortes s'échouent

Lamentablement sur les trottoirs

Faites que je ressente leur courroux

Grandir, flotter puis choir.

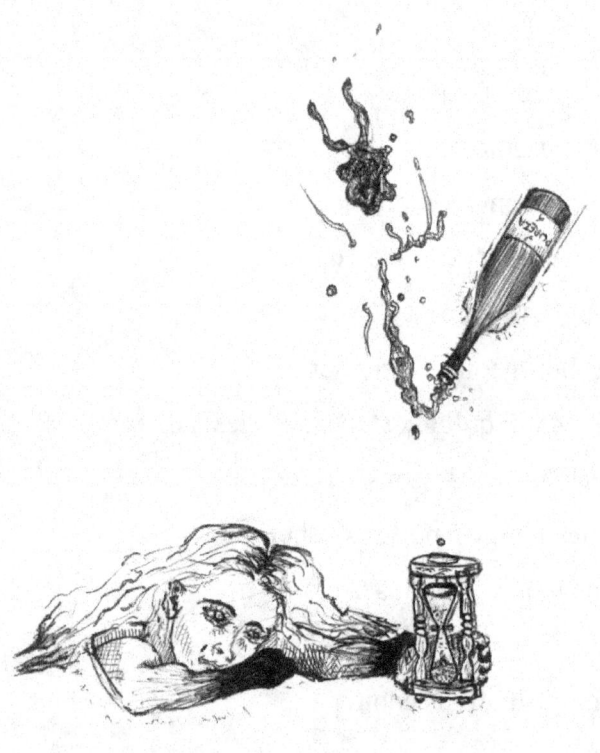

VII.

Envie de vivre mille étés

Avec toi dans mes contrées

Des morceaux de ta peau

À gaspiller,

Tes cheveux à moitié dans l'eau

Que le croissant de lune

N'a su que sublimer,

Répand dans la mer tes arômes

Bouteille de rosée et de rhum

Afin d'entendre le chant

Des insectes et des cigales

Lovés dans le sable fin

Comme des enfants

Tes lèvres tel le Graal

T'élèvent légère tel un châle,

Qui flottant grâce aux alizées

S'éternise dans nos buées.

VIII.

Les larmes salées

Séchées sur le visage pâle

Rappellent l'été lointain

Passé sous l'étoile mère

À regarder le bleu azur

S'échapper au fil du temps.

IX. L'Errant

Il aimerait peindre ses séquelles fades

Dans les allées séchées de bitumes sales

Et sans un bruit, brusquement

Il brillerait.

Parmi les parvis de la gare, il s'étend

Il se tend, s'entend, se tait lentement

Et se terre doucement.

Dans ses pensées sombres

Où rien ne surgit à part un scintillement

Il croît.

Dans l'ombre de ses croyances

Il n'a.

Aucune manie de roi, si ce n'est l'abus de boire

Ses seuls amis sont ses déboires.

Il serpente entre ses débauches

Si seulement les vivants

N'esquivaient pas les morts vivants

Il ne plongerait pas.

Dans un bain sans fin, pour noyer son chagrin

Alors il prie, sans toit

Le seul endroit où Dieu entend sa foi

Dans les villes abasourdies où règne la sourdine

Il ploie.

Choit face à son propre poids et ses mauvais choix

Il ne lui reste plus qu'à tendre les bras.

Se relever parfois

Puis, errer dans les décombres

Du bonheur passé.

Le voilà, le vagabond d'autrefois

D'aujourd'hui et pour toujours aux abois.

X.

Regarder le ciel en pensant à lui

À l'écume qu'il abandonne dans le bleu clair

Au peintre qui a laissé des teintes de rouge et non des éclairs

Aux visages de joie qu'il change en pluie

Et les pigeons nagent parfois dans ses larmes

Pendant que d'autres s'embrassent dans les vagues

Dans les jardins de béton on voit fleurir des coquillages

Bien loin de la mer et de ses vers

Ils cherchent encore à rimer avec la terre

Et avec le temps perdu qui ne s'évertue

Qu'à exister dans des petits gâteaux moulés.

XI.

Marcher le soir

Les lumières blafardes

Rien à voir

Il me tarde

D'écrire des mots

Les pensées à l'eau

Briquet à la main

Pour réchauffer le matin

Faire tourner le monde

En marchant tout droit

C'est ainsi que l'on devient roi

Et tous suivent à la ronde

Chacun l'ombre à l'autre

Pourtant on essaie

De se différencier des nôtres

Ne cherchez plus la paix !

Vous l'avez perdue,

Abandonnée dans les rues

Maintenant buvez, soyez ivres

Vous n'apprendrez pas cela dans les livres

Alors vivez jusqu'à en mourir

Et lorsque vous serez morts

Les gens continueront de rire

Certains, voire beaucoup, à tort

Riront par bêtises

Pensant pouvoir assujettir

L'univers à leurs désirs

Ces sots sont des pots

Qui méritent d'être des hommes

Ils leur manquent de l'eau

De la terre et la graine du doute

Celle issue de la plus belle des pommes

Qui accorde la passion et le savoir goutte à goutte.

XII.

Oh, personne ne revient de chez toi

Pourtant tous te détestent, crois-moi

Une partie t'aime et te vénère, va savoir pourquoi

Dans ta demeure doit se trouver les jardins de Babylone

Pour qu'on en fasse des tonnes

C'est l'inconnu qui effraie

Qui n'aurait pas peur de l'abstrait

Mais du fond de ton nom

D'où ne sort aucun son

Laisse-moi penser

Que l'on puisse se reposer pour l'éternité.

Poésie en débris

I.

Nos regrets s'effacent sur l'asphalte
Et nos passions écrites à la craie
Sont soudainement mises à l'arrêt.

II.

Je te donne mon amour
Et c'est déjà bien assez
Devant tes joues au teint vermeil
Je ne peux être qu'émerveillé.

III.

Tu n'as que des qualités et c'est ton plus grand défaut
Si je t'aime pour cela alors je ne démêle plus le vrai du faux.

IV.

Attiré par mes cinq sens

Errer autour de ton corps

Aimanté par ton encens

À la vue de ce diamant

Éclatant l'iris écarlate.

V.

La lune jaune sublime le ciel

Les lucioles dansent pour elle

Les bruits et les cris des animaux

Le parfum d'été qui flotte dans l'air

Tous cela apaise mon âme

À regarder l'immensité avec admiration

À planifier mon futur dans les astres

Mon corps au chaud à l'abri du chaos

Contempler la soirée s'épuisant à travers la vitre

Faire de la buée et dessiner des cœurs abstraits.

VI.

Pourquoi ne pas s'aimer comme les étoiles

Comme les touches d'un piano

Alliant le blanc et le noir sur une mélodie estivale

Regarder le ciel en pleine nuit de juin

Où les étoiles s'amoncellent pour ne former plus qu'un

Puis s'épanouir face aux refrains du satellite.

VII.

Comme par habitude la lune vient poser délicatement ses reflets de neige sur les bords en bois de chêne de la fenêtre. Voilà que par habitude je m'apaise et me couche, accompagné de ma quiétude dans mon lit trop grand pour une personne emplie de solitude.

VIII.

La pluie n'a rien d'assommant aujourd'hui

Ni rien d'affolant, le peu d'eau luit

Et je m'étends dans mon lit, lit et relit les livres des

mille et une vie

Écoute, tends l'oreille aux gouttes des averses

Ce n'est pas une ode à la vie mais une ode à la pluie

Lorsque se répandent les gouttelettes des intempéries.

IX. Au Père Lachaise

Pourquoi les pigeons sont plus intéressants que les passants, quand dans Paris les plus petits pensent être les plus grands.

La pluie « ploc » sur les panneaux et les carreaux, elle pleut sur les parapluies pourpres.

Ambiance de plomb au Père Lachaise, les tombes pleurent les vivants.

Les feuilles mortes des magnolias s'échouent sur les sépultures et se ramassent à la pelle.

Tu vois je n'ai pas oublié, cette chanson au refrain passager, en montant les allées de pavés.

X.

Accorde-moi une part d'amnésie

Pour que j'en oublie

Nos souvenirs

Restés accrochés à toi en apnée

Comme des anémones empoisonnées.

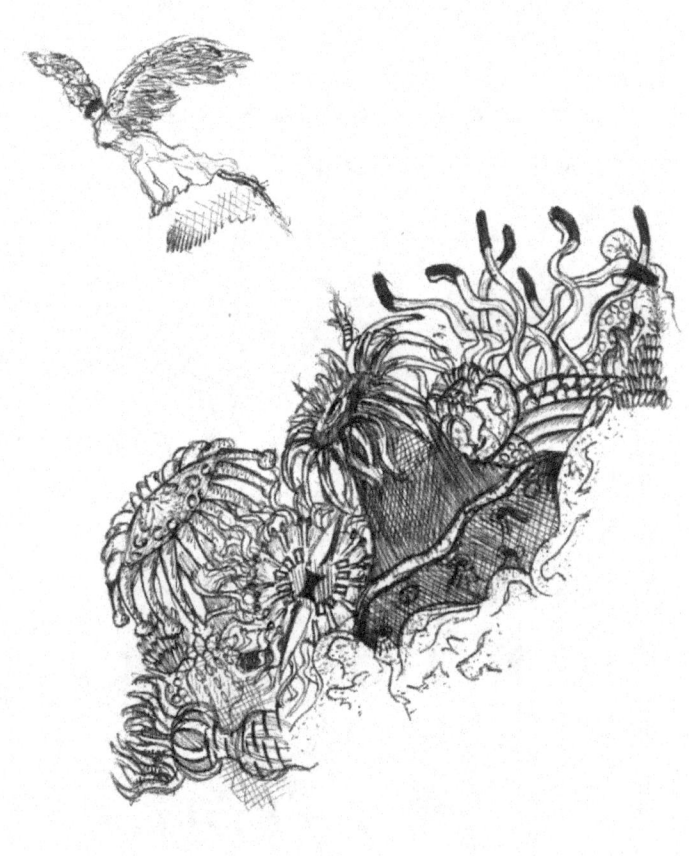

XI.

Les voiles et les soleils descendent sur Mèze

Coucher de soleil sur le port doré à l'arrêt

Un coucher de soleil et je contemple les cieux,

Lever de soleil pour que je contemple Dieu.

XII. Fan de toi

J'étais fan de toi, de ta paume et de ta peau

De tes pommettes, de tes paupières

De ton prisme et de ton paraître

Permets-moi d'aimer ton être

Puis de me paître devant les prêtres

De prier ma déesse, devant les apôtres

J'étais fan de ton espoir et de ton esprit

De ton air libre, de ton art ivre

De tes traits de vie et de tes choix de livres

J'étais traîné par ton envie de vivre.

.

XIII.

La lune est pleine

Ma plume est sans peine

Je peins ce poème

Avec ces rouges du crépuscule

Ces vers rejoignent l'opuscule,

Tirant vers l'orange elle s'élève

Tel un tyran l'orage l'enlève

Les dernières splendeurs du Soleil

Se reflétaient encore il y a peu

Sur ses larmes de sel

Plongeant sous les lames du ciel.

XIV.

Sentir l'odeur de l'air frais du matin
La douceur de la Lune contre mon sein

L'horreur de l'aurore la bannissant
L'ardeur de l'or petit à petit sur ces champs

Le Dieu Soleil la gagne et l'enterre
Les cieux gouvernent alors la Terre.

XV.

Que nos souvenirs s'évaporent dans les herbes
Qu'ils aillent planer puis danser dans les airs
Qu'ils rêvent de drames et de larmes
De frégates et d'ambroisies.

XVI.

Je crie de l'intérieur pour écraser mes pleurs

Mon cœur est lourd je le traîne par ses chaînes

J'aimerais tant lui apaiser toutes ses peines

J'ai perdu tout mon amour parmi les peurs

Que le Styx s'écoule sur ma peau blême.

XVII.

Je sens dans l'air de la poudre

Issu de la foudre et de l'éclair

Une telle odeur d'orage

Que j'enrage d'ardeur

Le ciel a des pleurs diluviennes

Il fait des siennes à pas d'heure.

XVIII.

Nos visages à la lueur des néons

Se transforment en caméléon

De nos cœurs de lions

Nos corps à l'unisson

S'attendrissent chacun à leur façon.

Scintillements

I.

Elle fait vibrer mon cœur

De mille papillons qui se mélangent

Noie tes larmes dans les miennes

Surmontons nos peurs à deux

Que les chrysanthèmes voient le jour

Sous les lumières de nos pleurs

Réjouissons-nous du moment

Et allons jusqu'à demain

Main dans la main

Nos frayeurs s'effacent

Car nous nous protégeons l'un l'autre

Joins tes joies à mon bonheur

Ne nous arrêtons pas maintenant

Ne rebroussons pas chemin

Continuons de marcher côte à côte

Peu importe les remparts et les obstacles

Nous les surmonterons ensemble

Et si nos cœurs venaient à fondre de tristesse

Nous les réparerons avec nos sanglots

Les miens dans les tiens et les tiens dans les miens

Battons-nous contre la fatalité du sort

Rien n'est joué c'est à nous d'écrire

D'écrire notre roman à l'eau de rose

Il ne nous a pas attendu pour débuter mais

Dès que nos âmes qui battaient la chamade se sont frôlées

L'encre s'est déversée

Au rythme des intempéries

La pluie frappant et les bourrasques se déchaînant

Au fur et à mesure que les lucioles dans nos yeux s'allument.

Vibrons nos cœurs à deux.

II.

Perdu parmi les pointillés blancs qui parsèment la voûte céleste.

Mon esprit plonge au plus profond de l'immensité qui brille par sa justesse.

Les nuages, tels des ouragans en plein désert, balayent les grains de sable.

Et les oasis au cœur du vide, apparaissent comme des mirages,

Servant de phare aux bateaux venant s'échouer sur les côtes des anneaux de Saturne.

Et les voiliers égarés entre les myriades d'étoiles se reposent devant les pluies de glace de Neptune.

Voguant à la renverse et se faufilant à travers les marées d'astéroïdes.

Éole et Morphée se mettent alors en accord

Pour permettre aux admirateurs de contempler l'écume de l'espace

S'amonceler autour d'eux et chérir les dernières gouttes de l'océan spatial.

III. Paradis Portugais

Le Portugal et plus de beauté encore
Sous les ombrelles aux couleurs d'or
Mille éclats éclairants ces contrées
Vert, Jaune, Rouge voilà de quoi t'aimer

Le Portugal et plus de beauté encore
Sous les voix et les phares des conquistadors
Que chavire mon cœur sur les mers et sur les fleurs
Aux sons des tournesols me berçant en chœur

Le Portugal et plus de beauté encore
Sous les danses et les chants du folklore
Les accordéons vibrant à l'âme du pays
Le vin et l'hostie coulant dans nos vies

Le Portugal et plus de beauté encore
Sous les pleurs, les rires ou l'*Amor*
Que résonne ton histoire
Dans, maisons et monuments le soir

Le Portugal et sa beauté, un tout

Sous le joug de Dieu j'accepte tout

La famille, la folie, la fantaisie

Mais faite que je meure ici.

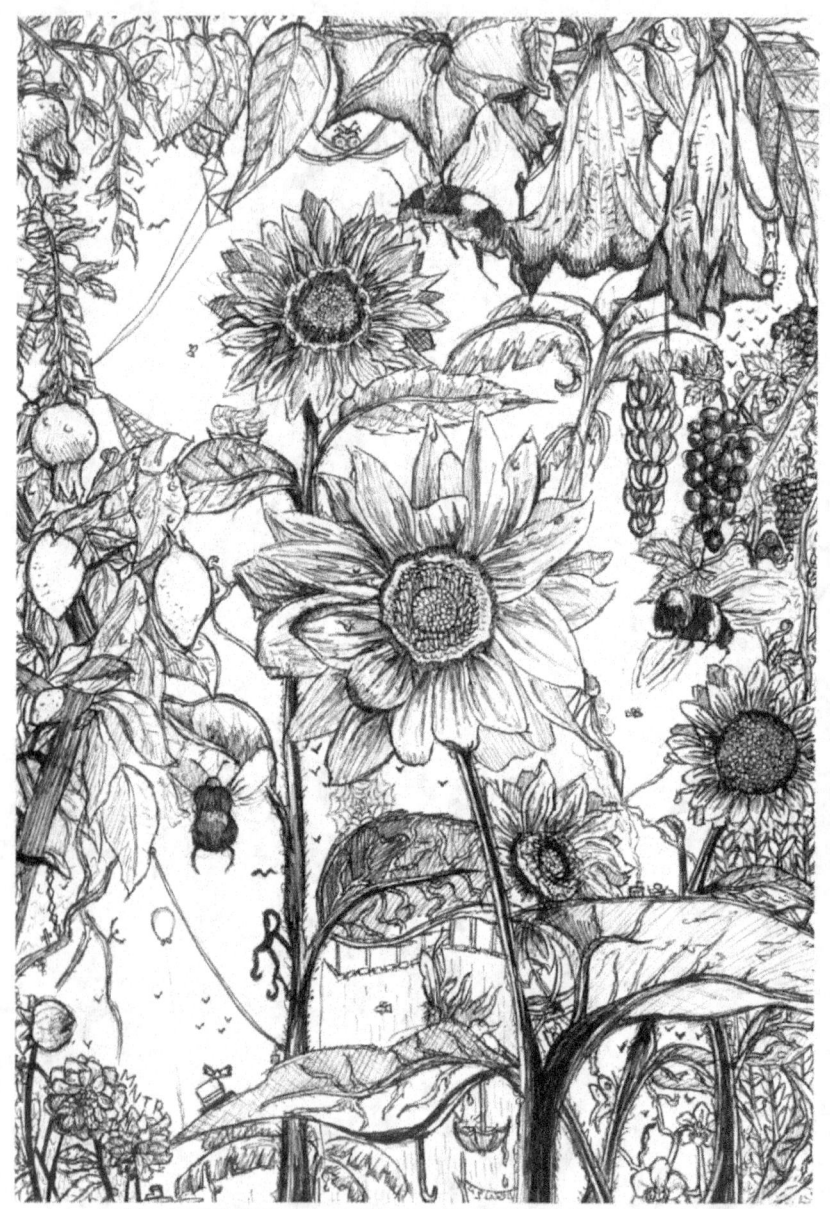

IV.

Je te donnerai des noms de films et de chansons

« Appelle-moi par ton prénom »

Ou « Ma façon d'aimer »

Te voici devenue un esprit vagabond

Lorsque tu survoles la réalité

Fraie-toi un chemin entre mes lagons

Froissant mes séraphins ensablés

Parfois je relis certains de tes écrits

Avant de m'éterniser sur les plumes du lit

Tenir des discussions sans fin

M'endormir le lendemain matin

M'immiscer dans ta vie

Entre tes labyrinthes de soucis

Parmi minarets et rotondes

M'égarer dans tes décombres

M'écouler aux bruissements de tes ondes

Puis m'apaiser au sein de ton ombre.

V. Balade aurorale

L'amour tue par amertume
Quand la beauté est ôtée.

Perdu dans les rues en ruée
Les rires restent enroués
Car la route ranime les rhumes
Sur l'asphalte et le bitume.

Et le chagrin en grain
Ne semble pas gré à donner du blé
Gravant en gras sa grâce
Il mire les grives grisonnantes
Gravissant gravement la grève.

Les nuages en pèlerinage
Pêle-mêle, profitent des mélanges
Et s'harmonisent avec les anges
Mais souffrant du souffle des sifflements
Ils s'envolent et s'évaporent en un bruissement.

VI. Les Parisiennes

Les pigeons posent leurs serres

Sur les statues de pierre

Les mots sonnent faux

Quand sur le pont

S'échappent mes fléaux

Et chaque pensée chante haut

Dans la beauté du parc Monceau

Quelles sont belles toutes ces demoiselles

Mon regard rêve encore de leur corps

S'ajoutent alors les notes des cors

Et des accordéons des métros

Pour sublimer leur charme en trop

Même au sein des bâtiments

J'entends leur tam-tam incessant

Au travers des persiennes

Je les aperçois

Les Parisiennes

En tenue de satin et de soie

Elles me plaisent cela va de soi.

VII.

Je respire le plus d'air frais possible
Pour le faire ressortir
Chaud de mes poumons sensibles
La brume s'enfle alors de soupirs

Je m'enfonce dans l'épaisseur du matin
Où seule la lumière fait jaillir les détails
Les formes et les hommes se distinguent un à un
Au loin surgit soudain en pagaille
Les oiseaux migrateurs s'échappant
En essaim d'abeilles dans le ciel bordeaux

Ils sont annonciateurs d'un jour nouveau
Et s'en vont butiner les dernières fleurs du soleil
Recouvrant l'automne d'un voile pour le sommeil.

VIII. L'étrangère

Parle-moi dans ta langue que j'en oublie la mienne

J'aimerais connaître ton prénom, lui mettre des chaînes

Ta chevelure s'oublie dans les cieux

Et ta parure te change en dieu

Nymphe nordique

Qui de son souffle

Me gèle et m'abdique

Elle m'époustoufle

Faisant de l'air aux alentours

De l'ambroisie et de l'amour

Muse de marbre dans les musées

Volupté en vogue dans les villes

Tu m'immoles de ta beauté

Et rien qu'un battement de cil

Me transporte dans tes contrées

Où s'éternisent les taïgas enneigées

Tu changes les larmes en flocons

De ton sourire s'évadent les saisons

Me perdant de l'automne à l'été,

Ci-gît ma pensée.

IX. Le temps des fleurs

Spectateur du printemps

Quand par ces quatre vents

Des cœurs et du chagrin

Viennent fleurir dans mon jardin châtain

La Provence a envoyé sa lavande

Sur les sourires et les yeux amandes

Parfum du temps et de l'enfance

Ces bourgeons font renaître les sens

Dans les parterres en jachère

Les dieux s'échappent de la terre

Chaque pissenlit et chaque pâquerette

Parmi l'infini des brins d'herbes,

Grandissent comme des chansons en tête

Et meurent dans des vases en gerbe.

X. Paris prend vie

De bon matin dans les souterrains

Paris prend vie

Les citadins semblables aux souris

Viennent et vont en vain

Allant on ne sait où chez on ne sait qui

Avec la valse à mille temps pour refrain

Quand enfin sortis du labyrinthe sans fin

On peut apercevoir le soleil qui luit

Sur les toits haussmanniens et les bouches d'incendies

Même par temps d'intempéries cette ville vibre

Les champs de parapluies

Et les enfants pleins d'euphorie

Voilà donc une cité qui vous enivre

Puis quand vient la nuit

Que la lune chuchote de nouvelles envies

Que la musique vous berce vers la folie

Que votre corps se dissocie de votre esprit

Alors aujourd'hui vous pourrez dire

Que vous avez vécu Paris.

XI.

Une rencontre en bord de mer

Qui fut l'exception sur terre

Ton rire enjôleur flottait sur les vagues

Tu incarnais les beautés de Prague

Sourire indélébile en mon âme

Qui s'en faisait dame

Un été à vivre de tes pensées

Comment ne pas t'oublier

Les instants de tes rires

Ont laissé des bulles de souvenirs

Derrière tes pas

Fleurissaient les lilas

Grâce au ciel et au soleil !

Qui nous donne ton ombre portée

Endroit paisible de merveilles

Grâce au ciel et à la lune !

Qui nous accorde tes contrées

Endroits fervents de fortunes

Voilà de quoi en faire une bible

De ton champ des possibles !

Écrits des vagues

I.

Beaucoup d'objets sans aucun sens apparent me marquent l'esprit, et cela simplement parce qu'ils sont remplis de souvenirs. Que ces vestiges soient des pleurs ou des rires. Je deviens gardien de ces monuments, comme une impression qu'il est de mon devoir de préserver, de veiller sur ces choses. Nombreux sont les morceaux de papiers coincés, pliés, calfeutrés entre les bandes de cuir de mon portefeuille. Ils indiquent une séance de cinéma, l'addition d'un restaurant, une excursion dans des jardins fleuris, le ticket d'un musée d'art, une carte de visite d'un artisan ou encore un cœur en origami, fabriqué par les mains douées et innocentes d'un enfant. Mon portefeuille se fait musée de mon passé, quelques fois j'ai de la peine à le vider bien que je n'arrive pas à jeter ces petits bouts de feuille dans le néant.

Pourquoi pourrait-on dire ? Par crainte, par peur, par effroi de l'oubli pourtant notre mémoire garde et se rappelle des bons et des mauvais moments. Mais dans une vie entière il y en a tellement. Je ne veux pas en perdre le moindre détail, me remémorer tout au travers d'une simple enveloppe que l'on m'a envoyé avec mon prénom écrit au feutre noir par une personne aimée. Me rappeler de chaque ville, de chaque pays, de chaque voyage avec un bric à brac acheté avec quelques pièces de centimes en vrac. J'affectionne et redoute aussi les photographies de tous ces instants emprisonnés dans des bulles par une étincelle. Que ce soient des clichés ratés, des tentatives inachevées, des poses de groupe avec toujours une personne manquante ou mal cadrée et même des photos qu'on aurait aimé prendre mais qui finalement, restent figées dans nos pensées.

II.

Aujourd'hui j'ai encore entendu parler d'amour. Je suis condamné à y être enchaîné, malgré tout je ne cherche pas à m'en libérer, j'attends le bon geôlier qui par son esprit pourra feindre de me délivrer au-delà des meurtrières par lesquelles on regarde passer les oiseaux et les moineaux. Je patiente pour l'exécution j'espère qu'elle sera grandiose avec une musique dansante et des paroles nostalgiques afin que mon bourreau ait de pétillants éclats de joie dans les yeux car lui seul détiendra mon amour capricieux.

III. Enfance

La définition du bonheur et de l'innocence ; des enfants qui courent en riant au travers d'un terrain en friche bondé de pissenlits et de trèfles à trois feuilles. Par chance les seuls qui en possèdent quatre se feront piétiner par la joie des nouvelles générations. Les cris des pâquerettes s'envoleront alors à la même allure que les libellules.

IV. Amour à l'eau de vie

20h17 je l'attends depuis 18h30, non je ne me languis plus, je ne l'ai jamais désiré après tout. Cependant une petite partie de mon être semblait et semble le vouloir, oui énormément. J'en reçois de bien d'autres à cette heure-ci, bien d'autres sauf de toi. Analysant au recto comme au verso, de ma pièce maîtresse les chances que tu songes à moi. Cinquante, cinquante selon les deux faces, voilà qui fait de moi un homme de foi, hélas je suis convaincu que tu as bien plus de facettes que cette piécette.

Je vais te joindre, tu m'y obliges et me perdre encore une fois.

J'imagine un monde, cent toi, mille fois.

À cœur rouge ou vert, je ne peux exprimer que mon amour et ma haine.

V. Manteau blanc

Un manteau blanc nappait le monde, enfin mon monde, privant la terre des quelconques rayons du soleil. Les flocons s'abattent sans cesse, dans le plus grand des silences. Avec une couleur si délicate et si pure, le blanc, qui ne laisse paraître aucun sentiment. En abandonnant dans leur passage des enfants innocents, jouant de bataille de froid. Et la brume morose s'épaississant à l'horizon de tristesse permet d'entrevoir la rosée du matin. La mélancolie d'autrefois que nous rappelle l'hiver avec ses vents glacials, ses journées sombres, ses tempêtes de neige et ses nuits frigorifiques. La saison où la faim est à son point culminant, pendant que certains cherchent de quoi survivre, d'autres hibernent en espérant avoir suffisamment de provisions. Malgré tout, au loin on peut encore entendre les glissades, les jérémiades et les rigolades enfantines. On les entend s'amuser sous les rafales hivernales.

VI.

Je comprends désormais, l'expression : être spectateur. Dans cette immense pièce de théâtre qu'est une gare, il suffit de se poser en son centre et de regarder passer les acteurs. Être spectateur de la vie, voir des visages, les oublier, en observer d'autres et recommencer. Le cerveau n'a pas besoin de se souvenir d'eux, mais tous, derrière ces visages ont une vie, un destin, un passé, un cœur brisé, une histoire à raconter. Parfois la vie peut être belle en contemplant celle des autres se défiler face à nous. Certains vous échangent un regard, peut-être pensent-ils la même chose, peut-être ne pensent-ils pas, ils marchent, ils avancent, ils courent, ils se rassemblent en un troupeau de rhinocéros.

Et quand soudain un pigeon prend son envol et que ces mammifères lèvent la tête pour l'admirer battre des ailes. Ils se métamorphosent en colombes rêvant quelques fois de planer au-dessus des êtres inanimés.

Tout semble se jouer en un seul acte, un nombre de scènes incalculables, les plus belles étant celles parlant d'amour, sans aucune parole, les comédiens s'embrassent, ce sont ; soit des retrouvailles ensoleillées, soit, des séparations embrumées. L'amour se dessine alors sur le visage de la personne abandonnée sur le parvis de la gare.

VII.

Mon cœur semble vide de sens quand il ne bat pas pour quelqu'un. Malgré tout, j'essaie de lui en accorder un lorsqu'il ne se secoue pas aussi vite que par amour. Quand il tambourinait à son maximum, j'écrivais. Ce qui en sortait avait du sens, cela en avait toujours. Quand il tambourine à son maximum, j'écris. Ce qui en sort a du sens, cela en a toujours. Tout ce sens, ce sont mes « nébuleuses » qui me l'ont accordé. Ces « nébuleuses » m'ont permis ces oaristys. Sans jamais que la personne aimée ne puisse rentrer dans la conversation, je me livrais à elle. Cette personne aimée a souvent changé, même de nombreuses fois. La personnalité des différentes femmes se lit au sein des lignes. Leur visage se voit au cœur des vers. Après avoir prêté foi en cette religion qu'est l'amour, je sens que je n'ai plus besoin de prier, la pire des choses qui puisse arriver serait que je me retrouve à aduler. À fasciner chaque femme qui se feint dans la forme des

« nébuleuses ». Les constellations s'épanouissent au-dessus des champs pourtant aucune d'entre elles ne semblent fleurir afin de chérir des graines de folie.

Laissez-moi cultiver des étoiles !

Mais on me refuse mon potager comme on me refuse d'aimer. La poursuite de l'amour est une vie passée à chercher l'immortalité, mais le fait qu'il vienne à nous de son plein gré, réduit l'éternité à quelques instants enchantés.